글 김해우

2009년 단편 동화 〈일곱 발 열아홉 발〉로 제8회 푸른문학상 새로운 작가상을 받았다. 2013년 장편 동화 〈뒷간 지키는 아이〉로 제8회 소천아동문학상 신인상을 받았다. 지은 책으로는 《정직맨과 고자질맨》, 《내가 진짜 기자야》, 《일곱 발 열아홉 발》, 《뒷간 지키는 아이》, 《77번지 쓰레기 집의 비밀》, 《표절 교실》, 《유전자 조작 반려동물 뭉치》, 《귀신 보는 추리 탐정, 콩(2권)》 등이 있다.

그림 한수언

패션 디자이너로 일하다가 그림을 그리는 일러스트레이터가 되었고, 어린이책을 비롯한 다수의 매체에 그림을 그렸습니다. 옷을 만들고 그림을 그리는 것처럼, 상상하고 만드는 것을 무척 좋아해요. 지금은 다채로운 세계 속에서 저마다 개성 있는 존재로 살아가는 이들의 이야기를 즐겁게 쓰고 있습니다. 그동안 쓴 책으로 동화 《남달리와 조잘조잘 목도리》, 청소년 소설집 《고사리의 생존법》이 있습니다.
www.acoustich.com

민주주의를 지켜 나가야 하는 12가지 이유

김해우 글 · 한수언 그림

1판 1쇄 2021년 9월 18일

펴낸이 모계영 **펴낸곳** 가치창조

출판등록 제406-2012-000041호
주소 서울시 종로구 사직로 8길 34, 1104호(내수동, 경희궁의아침 3단지 오피스텔)
전화 070-7733-3227 **팩스** 02-303-2375 **이메일** shwimbook@hanmail.net
ISBN 978-89-6301-254-4 73300

ⓒ 김해우, 한수언 2021

• 이 책의 저작권은 저자와 가치창조 출판그룹에 있습니다.
• 저작권법에 따라 무단전재 및 복제를 금합니다.

가치창조 공식 블로그 http://blog.naver.com/gachi2012
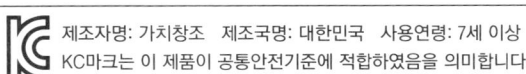는 가치창조 출판그룹의 어린이책 전문 브랜드입니다.

제조자명: 가치창조   제조국명: 대한민국   사용연령: 7세 이상
KC마크는 이 제품이 공통안전기준에 적합하였음을 의미합니다.

민주주의를 지켜 나가야 하는 12가지 이유

김해우 글
한수언 그림

단비어린이

작가의 말

민주주의는 우리의 생활 속에 있어요.

어디로 갈지 가족과 여행 계획을 세울 때도, 무얼 먹을지 친구들과 상의할 때도 모두의 의견을 듣고 결정하면 다툴 일이 없지요.

학급 회장이나 국회의원, 대통령 등 우리를 대표할 사람을 뽑을 때도 누구나 자신의 의견을 표로 행사할 수 있어요. 다수결의 원칙에 따라 자신의 의견과 다르게 결정될 수도 있지만, 정당한 절차대로 결정된 일이기에 대부분 결과에 승복하지요.

우리나라는 4·19 혁명, 5·18 광주민주화운동, 6월 항쟁 등 수많은 사람들의 희생과 노력을 통해 민주주의를 지켜 냈어요. 사람들이 목숨을 걸고 독재에 맞선 이유는 민주주의야말로 개개인의 자유와 인권, 평등을 소중히 여기는 제도이기 때문이에요. 아직도 세계 곳곳에서는 독재자를 몰아내기 위한 시민 혁명이 계속되고 있어요. 부디 이 지구상에서 독재가 사라지고 민주주의가 정착되기를 바랍니다.

또다시 대통령 선거일이 다가오고 있어요. 나라의 대표자를 뽑는 일이니 여러분도 조금만 관심을 갖고 후보자들을 살펴보면 어떨까요? 어떤 정책을 내세우는지, 인품은 어떤지 요리조리 뜯어보는 거예요. 그렇게 안목을 키우다 보면 언젠가 여러분에게도 투표권이 생기겠죠? 그때 소중한 한 표를 멋지게 행사하는 겁니다. 나와 우리의 삶이 더 나아지도록!

앞으로 민주주의를 소중히 가꾸고 발전시킬 여러분, 열렬히 응원합니다!

민주는 학급 회의를 하다가 기분이 상했어.
민주네 반에는 도서부, 환경부, 미술부, 학술부, 체육부가 있거든.
아이들은 각자 관심 있는 부에 들어가서 활동을 하면 돼.
민주는 운동을 좋아해서 체육부에 들어갔어.
각 부를 책임질 부장을 뽑을 때는 자원해서 손을 들었지.

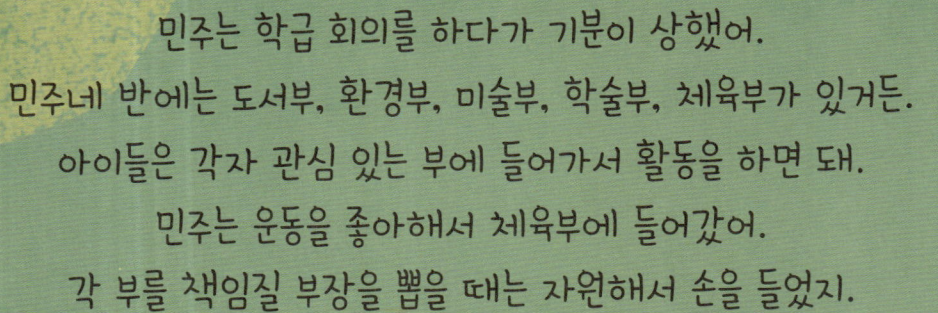

난 운동이라면 뭐든지 좋아!

넌, 안 돼!

그런데 회장인 독재가 눈살을 찌푸리더니 이렇게 말하는 거야.
"체육부장은 우현이가 해. 남자가 체력도 좋고 운동도 잘하잖아."
민주는 어이가 없었어.

세상에... 그런 법이 어디 있어.

"우현이가 운동을 잘하는 건 인정! 하지만 체육부를 잘 이끌지는 알 수 없잖아. 나도 체육부장 하고 싶어."
하지만 독재는 깔보듯이 이렇게 말했어.
"여자가 무슨 운동이냐. 힘도 없는 게. 차라리 미술부에 들어가지 그래?"
그 말에 회의는 아수라장이 됐어. 민주를 응원하는 여자애들과 독재를 응원하는 남자애들이 편을 갈라 다퉜거든. 그러자 독재가 교탁을 세게 치고는 씩씩대며 소리쳤어.
"시끄러워! 되게 말 많네. 내가 회장이니까 내 말대로 해! 민주는 미술부 들어가고 체육부장은 우현이가 해. 회의 끝!"

민주는 화가 나서 얼굴이 붉으락푸르락했어. 선생님은 언제나처럼 뒷자리에 앉아 보고만 계셨지. 민주네 반은 학급 회의를 아이들끼리 하거든. 선생님은 거의 참견을 안 하는 편이야.

학급 회의가 끝나고 나서 민주는 선생님에게 불만을 말했어.

"독재는 뭐든 제 맘대로예요. 아이들의 의견은 듣지도 않아요!"

독재도 지지 않았어.

"회장이라는 막중한 책임을 지고 반을 이끄는 게 쉬운 줄 알아? 아까도 봐. 너 때문에 학급 회의가 엉망이 됐잖아? 그냥 시키는 대로 하면 좀 좋아?"

"이 독불장군!"

"이 훼방꾼!"

가만히 듣고 있던 선생님이 빙그레 웃었어.
"너희들 생각하는 게 이름하고 비슷하구나?"
민주와 독재는 무슨 뜻인지 몰라 어리둥절했어.
"독재는 독재가 좋은 거고, 민주는 민주주의가 좋은 거잖아."
선생님의 말에 민주는 피식 웃음이 났어.
우연의 일치지만 이름하고 생각이 비슷한 게 우스웠거든.
"그럼 이렇게 할까? 민주는 민주주의가 왜 좋은지, 독재는 독재가 왜 좋은지 조사하는 거야. 누구 보고서가 더 설득력 있는지 보고 결정하자. 어때?"

민주는 주먹을 꼭 쥐고 대답했어.
"네! 좋아요!"
독재는 귀찮은 듯 궁시렁댔어.
"꼭 그렇게까지 해야 돼요? 회장의 권한으로 그 정도는 결정할 수 있지 않나?"
"왜? 자신 없니?"
"누가 할 소리? 좋아. 해 보자."
민주가 톡 쏘아붙이자, 독재도 큰소리를 쳤어.
민주는 집에 오자마자 민주주의에 대해 조사하기 시작했어.
'독재의 코를 납작하게 만들어 줘야지!'

 민주주의란?

모든 국민은 평등하게 태어났습니다. 국민이 나라의 주인입니다!

민주는 먼저 민주주의가 무슨 뜻인지 찾아봤어.
'민주주의(民主主義)'는 단어 그대로 국민(民)이 주인(主)이 되는 제도래.
'민주주의(democracy)'의 어원은 'dēmos(민중)'와 'kratos(지배)'의 합성어인 dēmokratia로, 국민이 권력을 가지고 있는 제도라는 뜻이야.
1863년 미국에서 흑인 노예제를 반대하는 북부와 찬성하는 남부 사이에 전쟁이 한창일 때, 대통령 에이브러햄 링컨은 게티즈버그에서 이런 연설을 했어.
"국민(people)의, 국민에 의한, 국민을 위한 정부는 이 세상에서 결코 사라지지 않을 것입니다."
'국민의 정치'는 나라의 주인이 국민이라는 뜻이고, '국민에 의한 정치'는 국민이 스스로 정치를 한다는 의미야. '국민을 위한 정치'는 정치를 하는 목적이 국민의 행복을 위해서라는 거지.
민주주의가 무엇인지 정말 잘 대변해 주는 말이야.
대한민국 헌법 제1조 1항에도 '대한민국은 민주공화국이다.'라고 명시돼 있어.
오늘날 대부분의 국가에서 민주주의 제도를 받아들이고 있다고 하니,
민주주의가 그만큼 훌륭한 제도라는 의미겠지?

하나, 민주주의는 인간의 존엄성(인권)을 중요하게 생각해!

민주는 자료를 찾다가 나치 독일의 아우슈비츠 강제 수용소에 대해 알게 됐어.
히틀러가 독일 민족의 우월성을 강조하며 유대인 말살 정책을 폈을 때, 죄 없는 유대인들을 가두고 학살했던 곳이래. 아우슈비츠뿐만 아니라 수많은 수용소에서 유대인들은 끔찍한 노동에 시달리며 굶어 죽거나 가스실에 보내져 잔혹하게 살해당했어. 민주는 화가 치밀어 올랐어.
만약 독일이 히틀러에 의한 독재 국가가 아니라 민주주의 국가였다면, 그런 끔찍한 학살은 일어나지 않았을 거야. 민주주의는 인간의 존엄성, 인권을 최고의 가치로 여기니까 말이야.

대한민국 헌법 제1조 2항엔 '대한민국의 주권은 국민에게 있고 모든 권력은 국민으로부터 나온다.'고 쓰여 있어.
바로 국민 한 사람 한 사람이 나라의 주인이며 권력을 가지고 있다는 뜻이지.
반면 일인 독재나 소수의 사람들이 권력을 독점한 나라에서는 인간의 존엄성이 무시되는 경우가 비일비재하대.
독재자가 잘못된 소신이나 판단으로 정책을 결정할 경우, 다수의 인권이 짓밟히니까 말이야.
민주는 대한민국에 살고 있다는 사실에 안도감을 느꼈어. 민주주의는 권력자의 독단적인 결정이 아니라,
대다수 국민이 원하는 방향으로 정책을 결정하기 때문에 인간의 존엄성을 지킬 수 있거든.

둘, 민주주의는 개인의 자유를 보장해!

우리나라도 과거에 왕권 국가일 때는 양반, 중인, 평민, 천민 등으로 신분을 나누고 사람을 차별했어.
특히 천민은 배울 수도 없고 마음대로 결혼도 못 했지. 살 곳을 옮기거나 재산을 모을 수도 없었어.
민주도 드라마나 책에서 봤기 때문에 익히 알고 있는 사실이야.
미국 역시 과거에는 흑인 노예 제도가 있어서, 사람을 팔고 사고 함부로 학대했잖아?
지금도 개인보다 집단의 이익을 중요하게 생각하는 전체주의 국가나 독재 국가에서는 개인의 자유를 침해하는 경우가 많대. 국가의 정책과 반대되는 의견을 낼 수도 없고, 예술 창작도 마음대로 할 수가 없다는 거야.
민주주의가 발달한 나라에서는 상상할 수도 없는 일이지. 민주주의는 개인의 자유를 보장하거든.

개개인이 어떤 자유를 누릴 수 있는지는
대한민국 헌법에 자세히 기록돼 있더라.
누구든 살고 싶은 곳에서 살 수 있고, 원하는 직업을 선택할 수 있어.
또 아무 간섭 없이 사생활을 누릴 수 있고, 원하는 종교를 선택할 수도 있지.
자기 생각을 음악, 미술, 연극, 영화, 책 등의 예술 작품으로
자유롭게 표현할 수 있고, 아무도 나의 신체를 억압하거나 고문할 수 없어.
민주는 공부를 하면서 한 가지를 깨달았어.
나의 자유가 소중한 만큼 다른 사람의 자유도 소중하다는 것!
그러니까 타인의 자유를 침해하지 않도록
조심해야 한다는 걸 말이야!

셋, 민주주의는 언론과 표현의 자유를 보장해!

민주는 인터넷 검색을 하다가 우연히 '블랙리스트'라는 걸 알게 됐어.
블랙리스트는 정부나 어떤 단체에서 누군가에게 불이익을 주거나 감시를 하기 위해서 만든 명단이래.
정부 정책에 반대 의견을 내거나 비판하는 연예인, 예술가, 정치인, 언론인, 판사, 학자 등을
블랙리스트에 올려놓고 방송 출연이나 출판을 못 하게 하고 취업을 막았다는 거야.
심지어 사생활을 염탐하며 감시까지 했대. 반면 정부의 정책에 찬성하는 사람들은
화이트리스트에 올려놓고 여러 혜택을 주었대.
우리나라에서 이런 일이 벌어졌다니, 민주는 등골이 서늘했어.
누군가 몰래 나를 감시하고 있다고 생각해 봐.
정말 끔찍하잖아!

세상에나! 내 말과 행동을 몽땅 감시하다니… 정말 끔찍해!

민주주의 국가에서도 음지에서 이런 일이 벌어지는데 독재 국가는 어떻겠어?
독재자에게 반대 의견을 냈다가 고문을 당하거나 목숨을 빼앗기는 경우도 많았대.
그러니 신문과 방송에서는 독재자의 입맛에 맞는 뉴스를 내보낼 수밖에 없었지.
독재 정권이 부정부패를 저질러도 비판하는 언론이 없으니,
대부분의 국민들은 실상을 알 수가 없고 말이야.

요즘 신종 코로나 바이러스 때문에 온 세상이 어수선하잖아.
민주도 외출할 때마다 마스크를 착용하는데, 그래도 불안한 건 마찬가지야.
처음 코로나 바이러스의 위험성을 경고한 사람들이 있었는데, 중국 정부는 오히려 괴담을 유포한다며
입막음을 하고 이들을 처벌했지. 정부에서 언론을 통제하는 바람에 사람들은 실상을 알 수가 없었고,
코로나 바이러스의 확산을 막을 수 있는 기회를 놓쳐 버린 거지. 그래도 우리나라는 언론과 표현의 자유를
최대한 보장하니까 다행이야. 정부 정책에 반대 의견을 내고 비판할 수도 있잖아?
다양한 목소리를 듣고 문제점을 해결해 나가는 과정에서 더 좋은 대안이 나오고 사회도 발전할 수 있어.

넷, 민주주의는 평등한 삶을 지향해!

얼마 전 민주는 공사장 앞에서 시위하는 어른들을 봤어.
장애인 복지시설이 들어오는 걸 반대하는 사람들이었어.
장애가 있고 없음으로 사람을 차별하는 건 이기적인 행동이야.
미국에서는 백인 경찰이 무장도 하지 않은 흑인을 총으로 쏴서 죽이는 바람에,
인종차별에 항의하는 시위가 대대적으로 벌어지기도 했대.
민주주의 국가에서도 이기적이고 비뚤어진 생각을 가진 사람들 때문에 불평등한 일이 벌어지니,
독재 국가나 권위주의 국가에선 더하겠지? 권력자가 자신의 입장에서 정책을 펼치기 때문에
대부분의 힘없는 사람들은 불평등한 대우를 받을 수밖에 없어.

아니나 다를까, 아프가니스탄이나 파키스탄 같은 나라에서는 여성들이 엄청난 차별을 당하고 있어. 가정폭력과 성폭행뿐만 아니라 아동 강제 결혼에 인신매매까지! 정말 상상하기도 싫은 끔찍한 고통을 겪고 있지. 그런데도 지배층이나 시민들의 잘못된 인식 때문에 쉽게 고쳐지질 않고 있대.
그래도 민주주의 국가에서는 법과 제도로 차별을 금지하고 있어서, 대부분의 사람이 평등한 삶을 누리고 있어. 헌법에도 인종, 성별, 종교, 나이, 사회적 신분, 신체 조건, 결혼 여부 등에 상관없이 모든 사람이 행복하게 살아갈 권리가 있다고 쓰여 있지.
정부에서는 다양한 제도를 만들어서 사람들이 평등한 삶을 살도록 돕고 있어.
우리나라의 경우, 빈부에 상관없이 누구나 교육을 받을 수 있도록 무상교육, 무상급식을 실시하고 저소득층에게 기초 생계비를 지급하고 있어. 또 최저임금을 올려서 기본 소득을 보장해 주고, 노약자, 장애인 같은 사회적 약자들이 차별받지 않도록 여러 복지 제도를 만들었지.
민주주의는 국민 한 사람 한 사람을 소중하게 생각하는 제도야.
그래서 불평등을 없애고 평등한 사회가 되도록 계속 노력하고 있다고 해.

다섯, 민주주의는 국민이 직접 대표자를 뽑을 수 있어!

민주는 예전에 엄마, 아빠를 따라 투표소에 간 적이 있어. 사람들이 투표를 하기 위해 길게 줄 서 있었지. 그때는 어려서 몰랐지만, 민주주의에 대해 공부하면 할수록 국민의 손으로 대통령을 직접 뽑는 건 정말 대단한 일 같아. 국민이 자신의 의견을 잘 대변해 줄 대표자를 뽑아서, 정치에 참여할 수 있으니까 말이야.

우리나라는 성별, 인종, 사회적 지위, 교육 수준, 빈부에 상관없이 만 18세 이상 성인이라면 누구나 선거에 참여해서 1인 1 투표권을 행사할 수 있대. 후보로 출마한 사람의 됨됨이, 능력, 정책을 평가한 후, 국민이 직접 대표자를 뽑는 거지. 그렇게 선출된 대표자가 임기 동안 일을 제대로 못할 경우에는 다음 선거에서 뽑지 않으면 돼. 그러니 대표자로 뽑힌 사람은 다음 선거에서 승리하기 위해 올바른 정책을 펴려고 노력하게 되지.

또 일정한 자격을 갖춘 사람이라면 누구나 대표자로 출마할 수도 있어.

모든 국민에게 선거권과 피선거권이 있으니까.

반면 독재 국가에서는 독재자가 마음대로 정치를 해도 정권을 바꾸기가 쉽지 않아.
아프리카의 적도기니, 카메룬, 우간다, 짐바브웨 같은 나라는 부패한 권력자가 오랫동안 권력을 쥐고 있어.
이들은 나랏돈으로 호화로운 생활을 하면서 각종 부정부패를 저지르고 있다고 해.
독재자들이 올바른 정책을 펼치지 않으니 국민들은 계속 가난에 허덕일 수밖에 없지.
게다가 독재자에게 비판적인 사람들을 고문하고 죽인다니, 정말 통탄할 일이야.

민주는 지난번 회장 선거가 떠올랐어. 그때 독재의 자신만만하고 카리스마 있는 모습에 반해서,
소중한 한 표를 독재한테 줬어. 우리 반을 잘 이끌어 줄 거라고 생각했거든.
독재가 이렇게 제멋대로인 줄도 모르고 말이야. 후보에 오른 아이들의 됨됨이와 공약을 좀 더 꼼꼼히
살펴봤어야 했는데……. 이래서 투표는 신중히 해야 한다니까.
민주는 다음번 선거에 자신이 직접 후보로 출마해 볼까, 하는 마음이 생겼어. 부끄럽지만 용기를 내 보기로 했지.

여섯, 민주주의는 소통을 통해 갈등을 해결할 수 있어!

2019년에 엄마, 아빠는 큰맘 먹고 사 놓은 홍콩 여행권을 취소한 적이 있어. 홍콩에서 시위가 계속 벌어져서 여행을 하기에는 위험하다는 거야. 여행 갈 생각에 들떠 있던 민주는 실망하고 말았지. 그때는 그런가 보다 하고 말았는데, 민주주의에 대해 공부하다가 우연히 그 이유를 알게 됐어. 중국의 통치를 받는 홍콩 정부가 당시 범죄인 인도 법안(송환법)을 추진하고 있었는데, 이 법안이 통과될 경우 중국 정부에 반대하는 홍콩의 인권운동가나 반체제 인사들이 중국에 송환될 염려가 있었던 거야. 그래서 시민들이 법안에 반대하는 시위를 벌였는데, 정부가 시위대를 폭력배로 보고 무력으로 진압하는 바람에 많은 사상자가 발생했어. 중국은 공산당이 집권하는 일당 독재 국가로, 정권에 비판적인 언론이나 단체를 탄압해서 문제가 되곤 한대.

우리나라도 과거 군사 독재 시절에는 정책에 반대하는 시민들을 고문하거나 감옥에 가두고 무력을 행사한 적이 있었다고 해. 이처럼 독재나 권위주의 국가에서는 소수의 의견만으로 정책을 결정하기 때문에 다수 국민의 의견은 무시당하는 일이 많아. 갈등이 생길 경우에는 반대자를 억압하고 처벌하니까, 생각을 마음껏 표현할 수도 없지.

반면 민주주의 국가에서는 의사소통을 통해 갈등을 해결하려고 노력해.
국가 정책을 결정할 때도 다양한 의견을 듣고 해결책을 찾아 나가지.
기업과 노동자 사이에 갈등이 생겼을 때도 대화를 통해 문제를 풀어나가고 말이야.
그래서 어떤 정책을 결정하기까지 시간이 좀 걸리지만, 대신 대다수가 동의하는 방향으로
대안을 찾을 수가 있대. 민주는 학급 회의나 모둠 회의에 참여한 경험을 떠올려 봤어.
문제가 생겼을 때 아이들이 낸 해결책 가운데 제일 많은 아이들이 동의한 걸로 결정했었지.
그런 걸 '다수결의 원칙'이라고 한다지? 대부분 다수가 원하는 쪽이 더 합리적인 경우가 많기 때문이야.
하지만 중요한 건 소수의 의견에도 귀를 기울이고 존중해야 한다는 거야.

일곱, 민주주의는 공정한 경제 성장을 이룰 수 있어!

민주는 자료를 찾다가 '전태일 열사'에 대해 알게 됐어. 전태일은 1960년대 평화시장에서
재단사로 일하던 노동자인데, 그 당시 노동자들은 낮은 임금을 받으면서 오랜 시간 노동에 시달렸대.
열악한 작업 환경 때문에 건강을 해치기 일쑤였고 사고로 다쳐도 제대로 보상을 받을 수가 없었다는 거야.
전태일은 노동자의 권리를 주장하며 사람들을 모아 시위를 했지만 좀처럼 상황은 나아지지 않았어.
결국 자신의 몸을 불태움으로써 노동환경 개선을 위해 목숨을 바쳤지.
군사 독재 시절, 국가와 기업의 성장을 위해 힘없는 노동자들은 희생을 감수해야 했어.
경제는 빨리 성장했을지 모르지만 노동자들의 인권은 무시됐던 거지.

함께 가는 지름길

다행히 민주주의는 다 함께 잘 사는 것을 중요하게 생각하기 때문에 정부 차원에서 다양한 정책을 펼치고 있다고 해. 대기업이 사업을 확장하는 걸 막아 영세사업자를 보호하고, 비정규직을 정규직으로 전환하도록 유도하고 있지. 또 최저임금을 인상해서 노동자들의 소득을 보장해 주려고 노력한대.

기업과 노동자 간에도 대화를 통해 이윤을 나누고 여러 복지 제도를 만들고 있어. 경제 발전이 조금 늦더라도 소득을 나누고 복지를 늘려서 기업과 영세사업자, 노동자가 함께 성장하는 것을 중요하게 생각하는 거야.

민주는 가끔 '착한 소비를 하자!' '공정무역 제품을 사자!'는 말을 들어 본 적이 있어. 그때는 무관심하게 넘기고 말았는데, 이제 보니 아주 중요한 일이더라고. 가격이 조금 비싸더라도 생산자에게 정당한 대가를 지불한 공정무역 제품을 소비하자는 거야. 예를 들면, 아프리카나 아시아 등 가난한 국가에서 어린이들의 노동력을 착취해 만든 초콜릿이나 축구공이 아닌, 더 비싸더라도 정당한 노동의 대가를 주고 만든 상품을 사자는 거지.

동물복지 인증 식품이나 동물 실험을 하지 않은 화장품, 환경을 오염시키지 않은 제품을 사는 것도 착한 소비의 일종이래. 인권뿐만 아니라 동물, 환경까지 고려해서 보다 공정한 경제 성장을 이루자는 거지.

여덟, 4·19혁명! 민주주의에 대한 열망이 부당한 독재를 멈추게 했어!

그럼 우리나라 민주주의 발전을 이끈 역사적인 일들을 알아 볼까?

우리나라는 세계에서 손꼽힐 만큼 민주주의가 성숙한 나라야. 어떻게 이렇게 민주주의가 발전할 수 있었을까? 민주는 궁금해서 역사 공부를 좀 했어. 지금까지 수많은 사람들의 눈물겨운 투쟁과 희생의 역사가 있었더라고!

제1, 2, 3대 대통령을 역임한 이승만은 독재를 하기 위해 각종 불법과 부정을 저질렀어. 공산주의를 불법으로 규정하는 국가보안법을 만들어서 자신과 뜻을 달리하는 반대파를 공산주의자로 몰아 제거했지.

자신을 비판하는 신문과 방송을 탄압하기도 했어.

그러곤 1960년 3월 15일에 치러진 4대 정·부통령 선거에서도 온갖 부정을 저질렀지.
경찰의 감시 하에 투표를 진행했고 투표 결과를 조작하기까지 했어.
그러자 학생과 시민들이 이승만 정권의 독재와 부정선거에 항의하며 시위를 벌였어.
이승만은 시위에 참여한 정치인과 시민들을 공산주의자로 몰아 탄압했지.
그러던 중 몸에 최루탄이 박혀 사망한 고등학생 김주열 군의 시체가 발견되었고.
4월 19일, 분노한 시민들과 학생들이 '독재 타도'를 외치며 거리를 가득 메웠어!
결국 이승만은 계속된 시위에 굴복해 대통령직에서 물러났다고 해.
4·19 혁명은 학생과 시민의 힘으로 독재자를 물리치고 민주주의를 일궈낸 뜻깊은 민주화 운동이었어!

아홉, 5·18 광주민주화운동! 평범하지만 위대한 시민들이 민주주의를 일궈냈어!

이승만이 하야한 후, 시민들은 민주주의가 자리 잡을 거라고 기대했어.
하지만 1961년 박정희가 5·16 군사 정변을 일으키고 정권을 장악해 버렸지.

그는 1963~1979년까지 대통령으로 군림하며 독재를 일삼았어.
독재에 반대하던 정치인과 학생들을 빨갱이로 몰아 탄압했지.
1979년 10월 26일 박정희가 중앙정보부장 김재규가 쏜 총에 맞아 암살당하자,
얼마 후 전두환이 12·12 군사반란을 일으켜 정권을 장악했어.
또다시 군부가 정권을 장악한 거야.

분노한 시민들은 민주주의에 대한 열망으로 전국에서 시위를 벌였어.
전남 광주에서도 학생과 시민들이 시위를 계속했대.
전두환은 광주 시민을 폭도와 빨갱이로 몰고는 공수부대를 보내 총칼을 휘둘렀어.
나중에는 탱크와 헬기 사격까지 서슴지 않았대.
민주는 처참하게 죽은 자기 또래나 언니, 오빠들의 사진을 보고 가슴이 덜덜 떨렸어.
국가의 보호를 받아야 할 국민들에게 어떻게 저런 짓을 할 수 있지?
눈앞에서 형제, 자매, 이웃이 죽어가는 걸 본 광주 시민들은 죽음을 무릅쓰고 항쟁을 이어갔대.
그날 광주에서는 남녀노소를 불문하고 수많은 사람들이 잔인하게 죽임을 당했어.
1980년 5월에 있었던 시위는 그동안 빨갱이와 폭력배들의 폭동으로 잘못 알려졌었어.
1988년 이후에야 역사를 바로 보기 시작하면서 광주민주화운동으로 자리매김했다고 해.
민주는 그동안 당연하게 누려 왔던 자유와 평등이 얼마나 소중한 건지 깨달았어.
수많은 시민들의 투쟁과 희생으로 쟁취한 거니까 말이야.

열, 6·10 민주 항쟁! 시민들의 피와 눈물로 대통령 직선제를 쟁취했어!

총칼로 정권을 장악한 전두환은 민주화를 열망하는 사람들을 탄압하며 독재를 계속했어. 그러던 중 1987년 박종철 고문치사 사건이 발생했지. 민주화 운동을 하던 박종철이 폭행과 물고문, 전기고문을 당해 죽자, 경찰은 이를 감추려고 말도 안 되는 거짓말을 했어. 심문을 하다 책상을 탁! 내리쳤더니 억! 하고 심장마비로 죽었다는 거야.

부검을 통해 고문에 의한 사망이라는 게 밝혀지자, 분노한 시민들이 거리로 쏟아져 나왔지. 당시 국민들은 대통령을 직접 뽑아서 독재를 멈추고 민주주의를 이루고 싶어 했대. 그런데 전두환이 국민들이 열망하던 대통령 직선제를 거부하고 독재의 야욕을 드러내자, 민심은 더 악화됐어. 그 와중에 시위를 하던 연세대 학생 이한열이 경찰이 쏜 최루탄에 머리를 맞고 쓰러지고 말았어. 6월 10일, 전국에서 분노한 시민과 학생들이 거리로 뛰쳐나와 격렬한 시위를 벌였어. 시위가 6월 내내 계속되자, 전두환은 노태우 대통령 후보를 내세워 직선제를 수용하겠다는 뜻을 밝힐 수밖에 없었지(6·29선언).

민주는 투표권을 가진 엄마, 아빠가 부러웠어. 언젠가 자신도 어른이 되면 대통령을 직접 뽑을 수 있다는 생각에 들뜨기도 했지. 그런데 당연한 권리라고 생각했던 대통령 직선제를 쟁취하기 위해 그렇게 많은 사람들이 희생됐다니, 너무 놀라웠어! 대통령 직선제는 국민에게 주권이 있다는 걸 확실하게 보여 줄 수 있는 제도야. 그렇게 소중한 걸, 시민들이 피와 눈물로 쟁취한 거지!

열하나, 촛불 혁명! 성숙한 시민 의식으로 평화롭게 정권을 교체했어!

민주는 몇 년 전 엄마, 아빠를 따라 광화문 광장에 간 적이 있어.
엄청난 인파가 거리를 가득 메우고 있었지.
민주는 촛불을 들고서 엄마, 아빠, 그리고 사람들과 함께 구호를 외치고 노래도 불렀어.
밤이 되자, 수많은 촛불이 거리를 환하게 밝혔어.
그때는 막연하게 정치를 제대로 못하는 대통령을 물러나게 하려고 사람들이 모인 거라고
생각했는데, 이번에 공부를 하면서 좀 더 자세히 알게 됐어.
2016~2017년 광화문 광장을 비롯해 전국에서 열린 촛불 집회는 무려 20차에 걸쳐 진행됐대.
1천7백만 명에 가까운 사람들이 자발적으로 광장을 빼곡히 메웠지.
세월호 침몰 사고에서의 무책임한 대응, 부패하고 무능하고 비리가 많았던 정권을 퇴진시키기 위해
모인 집회였어. 시민들은 노래와 구호 등을 외치면서 자유롭게 집회에 참여했고,
집회가 끝난 뒤에는 쓰레기를 줍는 등 주변을 정리했어.
그렇게 많은 사람이 모였는데 단 한 번의 폭력 사태도 없었지.
마침내 헌법재판소에서 대통령 탄핵을 인용하면서 평화적으로 정권을 교체할 수 있었어.
민주주의가 아무리 발달한 나라라도, 대통령 재임 기간에 평화적으로 정권을 교체하는 건 쉽지 않은 일이래.
한국의 촛불 혁명을 두고 해외 언론들은 '대한민국은 전 세계에 민주주의가 무엇인지 보여 주었다.'고
극찬을 했어. 민주는 지금도 광장에 모인 사람들이 부르짖던 구호와 함성, 노래가 들리는 것 같아.
자신이 그런 역사의 현장에 있었다는 것이 뿌듯하기도 하고, 성숙한 시민 의식으로 민주주의를 이뤄낸
대한민국이 정말 자랑스러워!

열둘, 민주주의는 '민주 시민'이라는 자긍심을 느끼게 해 줘!

'민주주의'가 이렇게 수많은 사람들의 희생과 투쟁으로 이뤄낸 거라니!
조사를 마친 후 민주는 정말 감동받았어.
무능하고 부패한 정권을 물리치고 민주주의를 발전시킬 수 있었던 건,
더 나은 세상을 만들고자 하는 시민들의 열망 때문이었던 거지.
힘겹게 쟁취한 민주주의를 잘 지켜 나가야겠다는 생각이 들었어.
곰곰 생각해 보니, 민주주의 제도에서는 시민 한 사람 한 사람의 생각과 가치관이 정말 중요한 것 같아.
한쪽에 치우치지 않는 공정한 잣대로 세상을 바라보고, 우리 사회에 어떤 문제가 있는지 깨닫고,
스스로 해결책까지 찾아야 하니까 말이야.

예를 들어, 1인 1 투표권을 올바르게 행사하려면 후보자의 됨됨이나 정책, 능력 등을 제대로 파악할 수 있는 안목이 있어야 하잖아?
다른 사람들과 갈등이 생겼을 때도 대화로 문제를 해결해야 하는데, 이때도 대화하는 사람의 인성과 가치관이 중요할 것 같아. 다른 사람의 의견을 잘 듣고, 내 생각을 논리적으로 말하고, 서로 잘 의논해서 대안을 찾아야 하니까.
나의 권리가 무엇인지도 잘 알고 있어야 해. 그래야 부당한 대우를 받았을 때, 이를 깨닫고 해결 방안을 찾아볼 수 있으니까. 내 권리가 무엇인지, 내 주변의 문제가 무엇인지 모른다면 아무리 좋은 법과 제도가 있어도 무슨 소용이겠어?
독재 국가에서는 대부분의 사람들이 독재자에게 순응하며 살아간대. 자신의 생각을 표현하거나 정책을 비판했다가 부당한 일을 겪을 수도 있으니까.
하지만 민주주의는 국민이 바로 나라의 주인인 제도야. 그러니까 시민 한 사람 한 사람이 똑똑해야 나라가 발전할 수 있는 거지. 민주는 대한민국에서 살고 있다는 사실이 자랑스러워. 세계에서 손꼽히는 민주주의 국가에서 산다는 건, 민주 자신이 훌륭한 '민주 시민'이라는 뜻이니까!

민주 시민이 갖춰야 할 요소

제대로 된 안목

다른 사람을 위하는 마음과 대화 (열린 마음)

올바른 지식

민주는 조사한 걸 공책에 잘 정리해서 선생님께 가져갔어.
그런데 독재는 조사를 하지 않았더라고. 노느라 까먹었다나?
선생님이 민주를 칭찬했어.
"와! 민주주의가 왜 좋은지 열두 가지나 찾아냈구나?"
"네. 알면 알수록 민주주의는 참 훌륭한 제도예요."

선생님이 독재를 보고 물었어.
"독재는 조사를 안 했으니 어쩌지? 둘이 조사한 걸 보고 의논하려고 했는데."
독재는 면목이 없는지 딴청을 부리면서도 이렇게 궁시렁댔어.
"먼가를 결정할 때 독재가 빠르고 편한 건 사실인데……."
그러자 선생님이 민주의 공책을 독재에게 권했어.
"우선 이걸 읽고 나서 말해 봐."
독재는 마지못해 공책을 받아 읽기 시작했어.

읽는 동안 머리를 갸우뚱했다가, 놀란 표정을 지었다가,
후! 한숨을 내쉬었다가, 고개를 끄덕끄덕하기도 했지.
그러더니 공책을 탁 덮고 나서 민주를 힐끔거리며 말했어.
"민주주의에 이렇게 깊은 뜻이?"
민주는 내심 뿌듯했어. 독재도 자신이 조사한 내용을 보고 반성하는 눈치였거든.

독재가 좀 뜸을 들이다가 말했어.
"오늘 학급 회의 다시 해요. 이번엔 민주적으로 해 볼게요."
민주는 속으로 쾌재를 불렀어.
드디어 6교시에 학급 회의가 시작됐어. 결과가 어떻게 됐냐고?
체육부장은 전처럼 우현이가 맡게 됐어. 민주랑 우현이가 자원해서
후보로 나섰는데, 투표 결과 민주가 열 표 차로 떨어지고 말았어.
그렇지만 민주는 속이 후련했어. 정정당당히 투표로 결정한 데다,
민주가 보기에도 우현이의 포부와 공약이 좋았거든.
수줍음이 많은 우현이한테 그런 모습이 있는 줄은 미처 몰랐지 뭐야.
민주는 자신이 원하는 체육부에서 즐겁게 활동할 생각에 기분이 좋았어.

우리나라의 민주주의 역사

지금도 세계 곳곳에서는 독재를 물리치고 민주화를 이루기 위해 많은 사람들이 시위를 계속하고 있어.
프랑스, 영국, 미국 등 민주주의 국가로 손꼽히는 나라들도 그런 진통을 겪으며 성장해 왔지.
지금 우리가 이만큼이라도 인권을 존중받으며 자유롭고 평등하게 살게 된 것은
지난 역사 속에서 사람들의 눈물겨운 노력과 희생이 있었기 때문이야.
그러니까 앞으로도 민주주의를 소중하게 가꿔 나가야겠지?

1945년 8.15 광복

제2차 세계대전이 끝나고 우리나라는 일제강점기에서 해방됐어.
하지만 북위 38도 선을 기준으로 북은 소련이, 남은 미국이 관리하기 시작했지.

1948년 남한 단독정부 수립

남북이 통일된 정부를 세우고자 했지만 정치, 사회적인 혼란이 심해 쉽지 않았어.
우여곡절 끝에 남한만의 단독정부가 수립됐어. 국호를 대한민국으로 정하고 초대 대통령으로 이승만을 선출했지.

1960년 3.15 부정선거

이승만은 대통령 3선 제한을 없애고 3대 대통령에 당선된 것도 모자라, 또다시 대통령이 되려고 갖가지 비리를
저질렀어. 투표함에 미리 표 넣어 두기, 야당측 참관인 쫓아내기, 뇌물 뿌리기, 폭력배 동원하기 등 최악의 부정선거였지.

1960년 4.19 혁명

부정선거에 분노한 학생과 시민들이 전국에서 들고 일어났어. 이승만과 자유당은 경찰력을 동원해 강제 진압했지.
김주열 열사를 포함해 많은 사람들이 희생되자 시위는 점차 격렬해졌어. 결국 이승만은 하야를 발표하고 물러났어.

1961년 5.16 군사정변

이승만이 물러나고 윤보선 대통령, 장면 총리가 선출됐지만 사회는 여전히 혼란스러웠어.
혼란을 틈타 박정희를 중심으로 한 군부 세력이 쿠데타를 일으켜 정권을 장악했어.

1972년 10월 유신헌법 공포

장기 집권하던 박정희는 유신헌법을 공표했어.
대통령의 임기를 6년으로 늘리고 중임 제한을 없애는 등 대통령의 권한을 대폭 강화하는 내용이었어.
그는 독재에 반대하는 수많은 민주 인사들을 빨갱이로 몰아 탄압했어.

1979년 10월 부마항쟁

부산과 마산의 학생과 시민들이 독재를 반대하며 시위를 벌였어.
박정희는 비상계엄령을 선포하고 군부대를 투입해 무력으로 진압했지.
그러던 중 박정희는 중앙정보부장 김재규가 쏜 총탄에 맞아 사망했어(10.26사태).

1979년 12.12 군사반란

전두환, 노태우 등을 중심으로 한 신군부 세력이 정권을 장악했어.
민주화를 원하던 시민들의 열망은 또다시 좌절됐지.

1980년 5.18 민주화 운동

전두환은 비상계엄령을 전국으로 확대하고 민주화를 요구하는 사람들을 탄압했어.
광주에서 시위가 계속되자 공수부대를 투입해 폭력적으로 진압했지.
광주 시민들은 시민군을 조직하고 민주화를 요구하며 거세게 저항했어.

1987년 6월 민주항쟁

대학생이었던 박종철 군에 대한 고문치사 사건이 발생하고
이한열 군이 최루탄에 맞아 사망하자, 시위는 갈수록 격렬해졌어.
시민들은 대통령 직선제를 요구하며 거리를 메웠지.
결국 전두환은 노태우를 앞세워 5년 단임의 직선제 개헌을 받아들였고
드디어 투표를 통해 우리의 지도자를 직접 뽑을 수 있게 되었어.